El mensaje

Escrito por A.C. Quintero

ISBN 9781092523073
acquinterobooks.com

Cover and Interior Art by
Alan Ng

Copyright 2017 by A.C. Quintero. All rights reserved. No part of this book may be reproduced or transmitted in any form or by any means, electronic, or mechanical, including photography, recording or by any information storage or retrieval system, without permission in writing from A.C. Quintero.

Agradecimientos

Me siento muy afortunada de trabajar con tantas personas que me han ayudado con la elaboración de este libro. Agradezco a Sandra Prieto y a Diego Ojeda la revisión del texto. Le agradezco a Jennifer Degenhardt su honestidad y sus ánimos para seguir adelante con los proyectos. Me gustaría agradecer a Ana Andrés su empeño y corrección del manuscrito.

También me gustaría dar las gracias a todos los profesores y estudiantes cuyos ojos leerán estas páginas. ¡Ojalá que disfruten de las aventuras!

Dear Teacher,

Thank you so much for adding this book to your world language literary collection. Whether you've decided to implement this resource as a classroom novel, or an addition to *Free Voluntary Reading*, I hope your students will enjoy reading this book as much as I did writing it!

Resources for *El mensaje*

Teaching resources for this novel can be found on the following websites: acquinterobooks.com and/or teacherspayteachers.com.

Teaching Materials

Contenido

Capítulo uno	Tenemos que hablar
Capítulo dos	Los estudiantes ausentes
Capítulo tres	El mensaje
Capítulo cuatro.	El espía
Capítulo cinco	Fiona
Capítulo seis	Corazón roto
Capítulo siete	La mentira
Capítulo ocho	La biblioteca
Capítulo nueve	El chico triste
Capítulo diez	El gran día

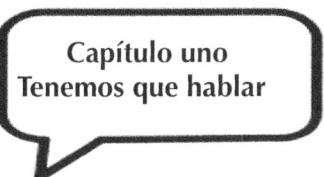

**Capítulo uno
Tenemos que hablar**

Adán llega al colegio y ve inmediatamente a su amigo Jaime. Jaime está solo en la cafetería.

—Hola, amigo. Acabo de llegar al colegio y ya quiero regresar a la casa. Estoy cansado —dice Adán.

Jaime no le responde. En ese momento, Adán mira la comida que tiene Jaime.

—¿**Trajiste**[1] panqueques? ¡Qué bueno, porque tengo hambre!

—No es un panqueque, es una **arepa**[2].

—¿Una qué? —pregunta Adán mientras come un pedacito de la arepa.

—Una arepa…, mi mamá me la compró en una panadería colombiana que está cerca de la casa.

—Pues mañana ¡trae dos! ¡Me gusta!

—Cómetela. Ya no tengo hambre —le dice Jaime con un tono triste.

—Jaime, amigo, ¿qué te pasa? ¿Todavía tienes problemas con Amina?

—Ya no somos novios.

—¿Qué? —pregunta Adán dejando de comer la arepa. — ¿Cómo puede ser?

---

[1] trajiste: you brought.

[2] arepa: typical corncake from Colombia and Venezuela.

Ustedes llevan tres meses como novios. **A nuestra edad**[3], llevar tres meses como novios es como un matrimonio de cinco años.

—Sí, ya lo sé...Y parece que estamos divorciados.

—¿Qué pasó? **Estaban**[4] muy contentos —dice Adán confundido.

—...Jorge —dice Jaime.

—¿Jorge Cressini? ¿El chico de Argentina que es tutor de ciencias? ¿Qué tiene que ver Jorge con la relación de ustedes? ¡Yo no comprendo nada!

—Mira, hace unos días ella me envió un mensaje de texto que decía «tenemos que hablar».

–Ay, no..., mi papá me dice que estas son las palabras que nunca quieres escuchar de una mujer —responde Adán.

---

[3] a nuestra edad: at our age.

[4] estaban: you both were.

—Pues tu papá es un hombre muy inteligente. Amina me dice que ya no me quiere… Y que ella quiere estar con Jorge.

—¡Ese Jorge es una serpiente! ¡Es un **robanovias**[5]! ¿Te acuerdas de Sara?

—Sí, perfectamente. Era la novia de Jacob.

—Y Jorge era su tutor también. Espera… Hay un plan siniestro aquí. Jorge ayuda a las chicas y después ellas se convierten en sus novias —dice Adán pensativo.

—¡Es cierto! Él es tutor porque quiere «ayudar» a las chicas. Y a todas las chicas les gusta su acento argentino. **Vos sos linda**[6] —dice Jaime imitando a Jorge—. A mí no me gusta para nada.

---

[5] robanovias: one who steals girlfriends.

[6] vos sos linda: you are beautiful; a regional dialect of Argentina.

—**Ánimo**[7]. No es el fin del mundo. Amina es una chica inteligente y muy pronto ella va a notar que Jorge no es un buen novio…, y él va a empezar una relación con otra chica que asiste a sus sesiones de tutorías.

—Ojalá. Pero hasta entonces, voy a estar muy triste. Ella es mi mundo. **A propósito**[8], ¿cómo va todo entre tú y Fiona? —le pregunta Jaime, cambiando de tema.

—Bien…, pero no hablamos como antes —dice Adán mirando su teléfono móvil.

—¿Qué quieres decir con eso? —le pregunta Jaime.

—En realidad, no es nada. Es que ella no me responde los mensajes de texto con la misma frecuencia de antes.

Jaime lo mira con los ojos bien abiertos.

---

[7] Ánimo: take heart

[8] a propósito: by the way.

–¿Qué pasa? ¿Por qué me miras así? —le pregunta Adán.

—Pues así empezó todo con Amina. Primero, ella no me respondía los mensajes de texto. Después, no pasaba mucho tiempo conmigo. Antes, nos sentábamos juntos en cada clase. Pero después de tener las sesiones de tutoría con Jorge, ella llegaba más tarde y se sentaba en otro lugar. Y poco después, escuché las horribles palabras de «tenemos que hablar».

Adán piensa en lo que acaba de decir Jaime. Pero él no quiere ser pesimista sobre su relación con Fiona.

—Estamos bien…, no pasa nada… Vamos, que la clase de Geografía va a empezar pronto —dice Adán cambiando de tema.

Los dos se levantan y, de repente, Jaime recuerda un detalle importante sobre la clase de Geografía.

—Oye, ¿estudiaste los países de habla hispana y sus capitales? —le pregunta Jaime.

—¡Claro que no! Solo estudié la información sobre Bolivia —responde Adán.

—Yo tampoco. Entonces, tenemos que escuchar con mucha atención lo que **digan**[9] los estudiantes más listos de la clase.

—Buena idea —dice Adán. Después, los dos se van a la clase.

---

[9] digan: they will say (subjunctive).

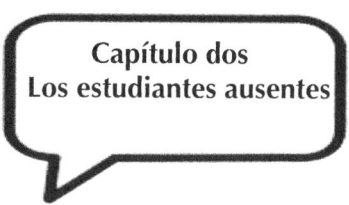

**Capítulo dos
Los estudiantes ausentes**

Adán y Jaime llegan a la clase de Geografía.

—Nos vemos después de la clase —dice Jaime al entrar. Él busca su asiento, que está al otro lado del salón.

Adán camina a su pupitre y saca los materiales que necesita para la clase. De repente, observa algo interesante. Su novia, Fiona, no está en el pupitre de al lado. Ella siempre está en la clase, incluso antes que él.

Al principio, Adán no piensa mucho en su ausencia. Él piensa: «Las chicas toman mucho tiempo en el baño». Por lo tanto, él no está preocupado.

Después de unos minutos, como ella aún no ha regresado, Adán está preocupado. Él acaba de tener una conversación con Jaime y como resultado piensa en los problemas que Jaime tiene con su novia, bueno, exnovia.

«Estoy exagerando las cosas. No pasa nada», piensa Adán, intentando pensar tranquilamente en la situación.

El profesor empieza la lección y Adán escucha atentamente.

Después de diez minutos, el estudiante de al lado le hace una pregunta.

— Adán, ¿dónde está Fiona? Ustedes siempre están juntos.

—No sé, creo que está enferma —responde Adán.

—¿Enferma? No está enferma. La vi esta mañana. Ella estuvo hablando con Jorge, el tutor de ciencias.

En ese momento el estudiante mira hacia otro asiento vacío.

—Jorge tampoco está en la clase. Qué raro. Nunca falta a clase —dice el estudiante.

—¿Qué? —dice Adán.

—La vi esta mañana, ella estuvo hablando con Jorge, el tutor de ciencias —repite el estudiante.

Adán mira hacia el pupitre de Jorge. Y es verdad, tampoco está en la clase. Ahora, Adán no puede concentrarse. Él está pensando en su conversación con Jaime y está muy nervioso. Adán también piensa en las últimas conversaciones con Fiona. Y es verdad, hay un pequeño cambio en ella. En los últimos días, ella no le habla mucho; ella ha estado un poco distante. Incluso, Adán tiene la impresión de que ella tiene un secreto… Y ahora no está en clase.

Capítulo tres
El mensaje

Adán está nervioso. Él necesita saber lo que está pasando con Fiona. Él saca el teléfono móvil para enviarle un mensaje de texto:

Los minutos pasan rápido. Adán mira en sus mensajes de texto. Él observa que aún no tiene un mensaje de Fiona.

—¡Rayos! ¿Qué está pensando? —dice Adán en voz baja.

El profesor continúa hablando. Él habla sobre los países que hablan español y sus capitales. La lección no es muy interesante, pero Adán intenta escuchar con mucha atención porque hay un examen el miércoles. Sin embargo, no puede concentrarse. Está pensando mucho en Fiona. Mira su teléfono móvil cada dos segundos porque espera recibir un mensaje de texto.

Después de unos minutos, Adán decide tomar notas de lo que dicen los estudiantes más inteligentes de la clase porque quiere sacar una buena nota en el examen. Mientras está tomando notas, observa atentamente la puerta. Quiere ver a Fiona entrar por la puerta De repente, la puerta se abre. Adán empieza a sonreír. Escucha la voz de una chica. No escribe notas, solo observa la puerta.

—Hola, profe —dice la chica que entra—. Tuve una cita con el dentista —le dice mientras come un bomboncito y le da una nota.

El profesor lee la nota.

—Está bien. Siéntate, Alicia.

Adán está triste porque no es Fiona.

El profesor empieza a hacer preguntas sobre los países que hablan español, como una práctica antes del examen.

—Profe, necesitamos estudiar más para el examen. ¿Podemos hacer un Quizlet?

—¿Un Quizlet? ¡De ninguna manera! Lo que ustedes necesitan es menos tecnología. Vamos a hacer las cosas a **la vieja escuela**[10]. ¿Listos?

—¡Listos! —grita uno de los estudiantes.

—Clase, ¿cuál es la capital de México?

---

[10] la vieja escuela: old school.

—¡La capital de México es San Juan! —dice uno de los estudiantes.

—¡Ay, no! ¡San Juan es la capital de Puerto Rico! —exclama el profesor—. Bueno, lo intentamos de nuevo. ¿Cuál es la capital de Bolivia?

—¡La capital de Bolivia es Quito! —responde un estudiante.

—¡Ay! Ustedes no toman notas. Ustedes no necesitan jugar Fortnite, ¡necesitan una aplicación de mapas! Tampoco leen. Escriban esto, porque lo voy a decir una sola vez: ¡Quito no es la capital de Bolivia! ¡Quito es la capital de Ecuador! ¡Y la capital de México es Ciudad de México! —dice el profesor.

—Ay, usted tiene razón —dice otra estudiante al profesor.

—Claro que tengo razón, ¡soy el profesor!

El profesor les hace otra pregunta.

—¿Cuál es la capital de Argentina?

—¡La capital de Argentina es Bogotá! —responde un estudiante.

—¡Ay, no! ¿Ustedes escuchan la lección? —pregunta el profesor.

—Sí, escuchamos la lección todos los días —responden los estudiantes.

—¡Pues es evidente que no! La capital de Argentina no es Bogotá. La capital de Argentina es Buenos Aires.

—Es verdad —dice uno de los estudiantes.

—Ya estoy cansado de hacer preguntas —anuncia el profesor en voz baja.—¿Cuál es la capital de Guinea Ecuatorial?

—Profe, yo lo sé. ¡Es el país de habla hispana en África!

—Sí, Yolanda. El español es una lengua cooficial en Guinea Ecuatorial. Ahora, ¿cuál es la capital?

—¡La capital es Tegucigalpa!

—¡Tampoco! Tegucigalpa es la capital de Honduras —dice el profesor.

—Última pregunta, porque ya no puedo más. Necesito una aspirina porque tengo dolor de cabeza. ¿Cuál es la capital de Bolivia?

—¡Sucre es la capital de Bolivia! —contesta un estudiante.

—¡Muy bien! Pero Bolivia tiene dos capitales. Adán, ¿sabes la otra capital? —pregunta el profesor.

En ese momento, Adán recibe una notificación; es un mensaje de su amigo César. El mensaje contiene una foto. Adán mira la foto. En la foto hay dos personas: Fiona y Jorge. Fiona y Jorge están hablando. El mensaje dice:

Adán intenta no reaccionar. Él es un chico muy tranquilo. Al principio, él no piensa nada malo de la foto. Él piensa: «Fiona puede hablar con otras personas, no es un problema. Ella me quiere y yo la quiero a ella». Pero, en ese momento, recibe otra foto de su amigo. En la foto, Fiona y Jorge se abrazan. Adán ve que ellos están cerca del gimnasio.

—Adán, ¿cuál es la otra capital? —pregunta el profesor de nuevo.

Adán no escucha al profesor. Mira la foto y se levanta.

—¡Qué! —grita Adán.

—¿Qué? —repite confundido el profesor—. ¡Contesta la pregunta!

Adán mira la foto otra vez. No puede creerlo. No tiene palabras y el profesor está esperando una respuesta.

—¡Adán! Contesta la pregunta —le grita el profesor.

—¿Cuál pregunta? —dice Adán un poco confundido.

—¿Cuál es la otra capital de Bolivia? —repite el profesor.

—La Paz. La Paz es la otra capital de Bolivia —contesta Adán.

—¡Gracias!

El profesor continúa enseñando a la clase.

Pero Adán no siente «**la paz**[11]» en su corazón. Él piensa en la foto y, de repente, tiene una idea. La idea es ir al baño para «espiar» a Fiona.

---

[11] la paz: peace.

—Profe, perdón, ¿puedo ir al baño?

—¿Tienes que ir al baño ahora? Tú necesitas escuchar la lección y tomar más notas para el examen. El examen es el miércoles.

—Ya lo sé… Tengo muchas notas y he contestado muy bien la pregunta. Tengo que ir al baño urgentemente. Tengo que hacer… —empieza a decir Adán en voz baja.

—¡Guácala! **Es demasiada información**[12]. Ve al baño y lávate las manos después.

---

[12] es demasiada información: TMI

Capítulo cuatro
El espía

Adán se va de la clase y camina rápidamente al gimnasio. Él mira al lugar exacto de la foto y ve algo sorprendente. Adán ve a Fiona hablando todavía con Jorge. Adán se esconde y espera. Quiere verlo todo.

Después de unos minutos, Fiona se va. Cuando Adán camina hacia la clase, escucha su nombre.

—Adán, ¿qué tal, amigo? —le dice un estudiante.

Es Jorge, el chico que estuvo hablando con Fiona. El tutor de ciencias. El robanovias. Adán piensa: «¿Amigo? ¡Tú no eres mi amigo! Eres un robanovias».

Adán no quiere causar problemas ahora porque no tiene muchas evidencias. Solamente tiene la conversación entre Fiona y Jorge, nada más. Él quiere investigar un poco más para tener una conversación muy seria con Jorge y Fiona.

—Hola, Jorge, ¿qué pasa? ¿Por qué no estás en la clase de Geografía? —responde Adán finalmente.

—Nada, nada, limonada. Estoy muy **feliz como una lombriz**[13]. Ya voy para la clase ahora —responde Jorge.

—¿Por qué estás feliz? —le pregunta Adán.

—**Digamos que**[14] soy amigo de una **piba**[15] muy especial —dice Jorge con ojos románticos.

—Jorge, yo soy muy simpático, pero puedo ser tu peor enemigo —le dice Adán con un tono serio.

Jorge mira a Adán. No comprende «el mensaje». Hay una pausa muy incómoda.

—¿Has visto a Fiona? No está en clase y vamos a tener un examen el miércoles —le pregunta Adán.

---

[13] feliz como una lombriz: happy as a clam.

[14] digamos que: let's say.

[15] piba: girl (Argentina).

—No, no la he visto —dice Jorge—. Bueno…, tenemos que regresar a clase. Tengo que copiar de los estudiantes más inteligentes.

Mientras caminan a la clase, Jorge le sonríe a Adán y canta. Él canta la letra de «Darte un beso» de Prince Royce. Adán está furioso porque él piensa que Jorge quiere darle un beso a Fiona.

Al cabo de unos minutos, los dos regresan a clase.

Ahora Adán está pensando seriamente en la conversación con Jaime. Cuando entra a la clase, los otros estudiantes están trabajando en una actividad de mapas. Ellos están aprendiendo que San Juan es la capital de Puerto Rico, La Habana es la capital de Cuba y que Asunción es la capital de Uruguay. Están felices como lombrices porque necesitan esa información para el examen. Cuando Adán entra, el profesor lo mira. Después, el profesor mira el reloj. Él observa que Adán se fue de la clase hace quince minutos.

—¿Qué tal el baño? ¿Dejaste **papel higiénico**[16] para el próximo estudiante? —le dice el profesor riéndose.

Todos los estudiantes se ríen, pero Adán no se ríe. Está furioso. Está furioso por la conversación secreta entre Fiona y Jorge. Está furioso porque piensa que Jorge quiere robarle la novia. Adán mira a Jorge con ojos furiosos. Jorge nota que Adán lo mira con ojos furiosos. Jorge tiene miedo.

En ese momento, Jorge habla con el profesor.

—Tengo que ir al baño urgentemente.

—Acabas de regresar a la clase —le dice el profesor.

—Ya lo sé… Creo que mi sistema es muy eficiente —le dice Jorge.

---

[16] papel higiénico: toilet paper.

—Puedes ir al baño. ¡Tienes cinco minutos! —le dice el profesor.
—¿Cinco minutos? —pregunta Jorge.
—Pues ahora tienes cuatro.

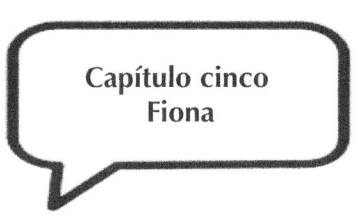

Capítulo cinco
Fiona

Fiona camina a la clase, y en ese momento recibe otro mensaje de Adán. Ella está intentando no hablar con Adán. No le responde los mensajes porque ella sí tiene un secreto. Ella piensa que, si habla con él, le va a decir el secreto y ella sabe que no es el momento. De repente, ella ve a Jorge de nuevo. Él va hacia el baño.

—¿Qué pasa? ¿Por qué no estás en la clase? —le pregunta Jorge.

—Ya hablé con la profesora de Inglés —responde Fiona.

—¡Qué bueno! Mira, sé que hablamos de vernos mañana, pero creo que tenemos que vernos después de las clases hoy. Creo que Adán sospecha algo.

—¿Después de las clases, ¿hoy?

—Sí, es mejor vernos hoy, porque mañana es el gran día —dice Jorge.

—No sé, normalmente yo estudio con Adán. Él va a **sospechar**[17] algo si no estudio con él después de las clases —dice Fiona.

—Tienes que inventar cualquier excusa, como que tienes que estudiar con una amiga —le recomienda Jorge mientras mira la hora en su teléfono móvil. El profesor le ha dado cinco minutos para ir al baño.

—No sé… Adán es muy inteligente. Él va a sospechar algo. Es más, él es muy paranoico. ¡Él va a querer estudiar conmigo y con mi amiga!

—Tienes razón, es muy inteligente ese Adán… Tenemos que pensar en una buena excusa.

En ese momento, Jorge sonríe y la mira otra vez.

---

[17] sospechar: to suspect.

—Tengo una idea. Le dices a Adán que tienes que hacer algo para tu madre.

—¡Buena idea! Dale, entonces, ¿nos vemos en la cafetería después de las clases? —pregunta Fiona.

—¡Claro que no!… Nos vemos luego en la biblioteca. Así podemos hablar tranquilamente —responde Jorge.

—¡Perfecto!

— Bueno, me tengo que ir. ¡Tengo solo un minuto para ir al baño! — dice Jorge mientras corre hacia el baño.

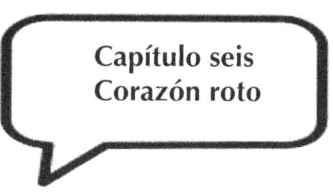

**Capítulo seis
Corazón roto**

Después de la conversación con Jorge, Fiona entra a la clase. Ella tiene un papel en la mano. Parece ser una nota de otro profesor. Ella habla con el profesor; Adán escucha secretamente la conversación.

—Profe, tuve que hablar con la profesora de Inglés —le dice Fiona al profesor.

«¡**Mentirosa**[18]!», piensa Adán.

Fiona se sienta al lado de Adán y ella sonríe. Adán piensa: «Es una sonrisa falsa».

—Hola, mi princesa, ¿por qué llegas tarde a la clase? —pregunta Adán.

—Tuve… —Fiona habla despacio—. Tuve que hablar con la profesora de Inglés… sobre un proyecto.

---

[18] mentirosa: liar.

—¿Por qué no contestas mis mensajes de texto?

—No los vi —responde Fiona.

—¿Eso es todo? —le pregunta Adán, queriendo una explicación de la conversación con Jorge y del «abrazo».

—Sí..., ¿por qué? —pregunta Fiona curiosa.

—¿No has visto a Jorge? Lo acabo de ver cerca del gimnasio —le dice Adán.

—Acabo de verlo. Fue al baño. ¿Puedo copiar de tu actividad? Hay un examen el miércoles y no sé nada de los países que hablan español.

—Sí, mi princesa. Tú puedes copiar mis notas—le dice Adán.

Adán está mirando a Fiona. Está pensando: «¿Por qué Fiona está mintiendo? ¿Cuál es su secreto? ¿Es el fin de nuestra relación?». En ese momento, Fiona observa que Adán la está mirando.

—¿Qué te pasa? ¿Por qué me miras de esa manera? —pregunta Fiona.

En ese momento, Jorge regresa a la clase. El profesor mira el reloj. Han sido cinco minutos.

—¿Estás siendo honesta conmigo? —le pregunta Adán.

—Claro. Nunca te voy a **mentir**[19] —responde Fiona.

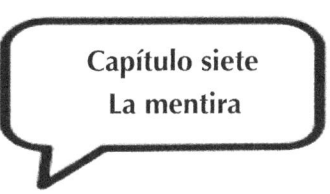

**Capítulo siete
La mentira**

Después del colegio, Adán quiere hablar un poco más con Fiona. Él necesita saber si Fiona quiere estar con él. Necesita saber si hay problemas entre ellos.

Cuando los estudiantes se van del colegio, Adán busca a Fiona en el parque. Generalmente, ellos van al parque después de la escuela.

—Fiona, ¿quieres estudiar conmigo para el examen de geografía?

Fiona piensa un momento.

—Adán, no puedo estudiar contigo. Tengo que… hacer algo importante.

—¿Qué tienes que hacer? Yo te puedo ayudar —le dice Adán.

—Ahora, tengo que ayudar a mi mamá con algo importante. Me tengo que ir… Adiós, nos vemos mañana —dice Fiona.

Adán no cree a Fiona. Él piensa en la conversación con Jaime. Adán tiene un plan ahora. Él va a descubrir lo que va a hacer Fiona. En vez de caminar a su casa, Adán busca un lugar secreto cerca del colegio para espiar a Fiona. En ese momento descubre algo sorprendente. ¡Fiona no se va para la casa! ¡Ella regresa al colegio! Adán camina detrás de Fiona. Fiona no ve a Adán porque él lo hace todo en secreto.

Ella va a la biblioteca. Unos minutos después, Adán también entra a la biblioteca. Busca a Fiona, pero no la ve. De repente, él escucha una conversación. Puede identificar la voz. ¡Es la voz de su princesa! Él se esconde rápidamente detrás de los libros. En ese momento, ve otra cosa sorprendente.

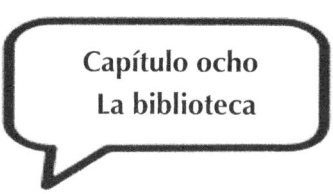

**Capítulo ocho
La biblioteca**

¡Adán ve a Fiona y a Jorge!
Fiona está hablando con Jorge. Adán piensa: «¡Es verdad: Fiona es una mentirosa! Ella no tiene que ayudar a su mamá, está aquí

hablando con Jorge». Después, él observa a Jorge y Fiona en la biblioteca.

Fiona habla animadamente con Jorge. Ellos se ríen. Jorge mira a Fiona. Fiona mira a Jorge. Parecen dos estudiantes **enamorados**[20].

Adán se acerca a ellos silenciosamente. Escucha una parte de la conversación.

—Gracias, Jorge. Eres increíble —dice Fiona.

—Vos sos la mejor novia del mundo —responde Jorge.

Ellos se abrazan; es un abrazo largo.

En ese momento, Adán se agarra el corazón. Él escucha las palabras de Jorge en su mente: «Vos sos la mejor novia del mundo». Adán ya tiene su evidencia. Está triste. Él se va de la biblioteca.

---

[20] enamorados: in love.

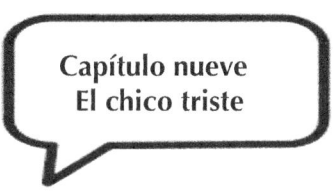

**Capítulo nueve
El chico triste**

Cuando Adán se va de la biblioteca, camina hacia su casa como un zombi. Camina y llora. Cruza la calle y casi tiene un accidente con un carro porque no está mirando por donde camina. Él mira al **cielo[21]**.

—¡¡¡¡¡¿Por qué?!!!!! Yo la quiero. ¿Por qué? ¿Soy una mala persona? —grita.

Hay un carro enfrente de Adán.

—¡Muévete, chico! —le dice el conductor del carro.

---

[21] cielo: sky.

Adán mira al conductor del carro.

—¡Es mi princesa! —le dice llorando.

—Chico, eres muy joven para tener tantos problemas. ¿Quieres saber de problemas? ¡Tengo problemas de espalda y no tengo trabajo!

Adán no escucha al conductor. A él no le importan los problemas del conductor. Solo le importa su problema con Fiona. Como Adán es un chico con un espíritu romántico, empieza a recitar un poema que le sale espontáneamente del corazón:

Estos son los versos más tristes de mi vida.
Tengo una princesa que ya no me quiere.
La quiero mucho, pero ella no me quiere a mí.
La vida es muy injusta. Soy un perdedor.
¿Dónde está la justicia?

    El conductor puede escuchar el poema.

    —Adiós, chico, vas a tener más oportunidades en el futuro —le dice.

    Adán llega a la casa. Está muy triste. No come la cena. No hace la tarea. ¡Ni siquiera mira su programa favorito de Netflix! Antes de dormir, recibe un mensaje de texto de Fiona. Con solo ver su nombre, se pone feliz como una lombriz.

    —No es el fin de nuestra relación. ¡Ella me quiere! Yo estaba exagerándolo todo.

Adán lee el mensaje:

«Tenemos que hablar mañana, ¿puedes ir al salón de la clase de Inglés después de la escuela?».

Adán repite la primera línea del mensaje:

«Tenemos que hablar».

«Tenemos que hablar».

«Tenemos que hablar».

Adán piensa en la conversación con Jaime. La novia de Jaime le dijo lo mismo.

—¡¡¡¡¡Nooooooo!!!!! Ella me va a decir «Ya no te quiero».

En ese momento, él saca una hoja de papel y le escribe una carta a Fiona. Él quiere darle la carta al día siguiente.

Fiona, te quiero, pero eres una mentirosa.

No puedo tener una relación con una persona deshonesta.

Me rompiste el corazón, para siempre.

No hay vuelta atrás, terminamos.
No puedo estar en el mismo colegio contigo.
No puedo verte todos los días. Duele mucho.

Después de escribir la carta, la madre entra al dormitorio.

—Mi amor, ¿qué te pasa? ¿Por qué no comes? Es tu cena favorita, porque mañana es tu…

Adán la interrumpe.

—¡Quiero ir a otro colegio! —dice Adán.

—¿Qué te pasa? –pregunta la madre.

—Quiero ir a otro colegio…, es que tengo muchos problemas y ya no puedo más.

—Mi amor, si vas a otro, nunca vas a poder regresar a tu colegio original. Son las normas del distrito. ¿Estás seguro?, porque mañana es el último día para hacerlo.

—Estoy segurísimo. No me importan las normas. Quiero ir a otro colegio.

—Está bien. Voy a hablar con el director mañana, ¡porque tu colegio es muy costoso! Voy a buscar un colegio que cueste menos dinero. ¿Es lo que quieres, mi hijito?

—Sí, ma, que ya no puedo más
—dice Adán.

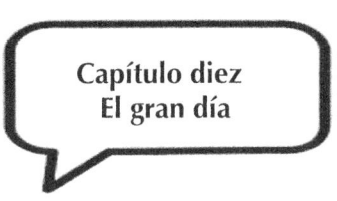

**Capítulo diez
El gran día**

Al día siguiente, Adán está muy nervioso. No quiere ver a Fiona porque ella es la causa de todos sus problemas. Está muy cansado porque no ha dormido. Tiene mucha ansiedad porque parece que los problemas de Jaime ahora son sus problemas. Adán va a todas sus clases, excepto a las que tiene con Fiona. En vez de ir a la clase, va a la oficina de su consejero para hablar sobre su ansiedad. Adán le dice al consejero todos sus problemas.

—No te preocupes, no pasa nada —le dice el consejero.

Pero Adán ya no puede creer que «no pasa nada», ¡porque está pasando de todo!

Va a su última clase y está a punto de irse del colegio cuando ve a su profesor.

—Oye, no estuviste en clase hoy. Hoy fue el examen de geografía.

—Lo siento…, ¿lo puedo hacer otro día? —dice Adán, sabiendo que va a ir a otro colegio.

—¿Crees que soy idiota? Yo sé lo que quieres hacer. Quieres hablar con otros estudiantes para tener todas las repuestas. Pero, te digo algo: tengo dos versiones del examen. Una para todos los estudiantes y otra para ti.

—Profe, lo que pasa es que…

En ese momento, Fiona se acerca a ellos.

—Hola, profe, puedo hablar con Adán un momento —le pregunta.

Cuando Adán escucha la voz de Fiona, **su corazón se derrite**[22].

---

[22] su corazón se derrite: his heart melts.

—Claro, ya terminamos de hablar —le dice el profesor y se va.

—Adán ¿podemos hablar?

—Sí, tengo que hablar contigo también —le dice Adán.

—Vamos al salón de la clase de Inglés. El salón está vacío y allí podemos hablar tranquilamente.

Ellos caminan al salón de la clase de Inglés. Pero antes de entrar, Adán le da la carta a Fiona.

—¿Es una carta? —pregunta Fiona.

—Sí, es una carta para ti. Yo me expreso mejor **por escrito**[23].

—¿Puedo leerla ahora? —le pregunta Fiona.

—No, por favor, no la leas ahora. Puedes leerla más tarde.

Cuando ellos entran al salón, todos los estudiantes le dicen gritando:

---

[23] por escrito: in writing.

—¡Sorpresa!

—¿Sorpresa? —pregunta Adán confundido.

—¡Feliz cumpleaños, Adán!

—¿Qué? –dice Adán sorprendido.

A Adán se le había olvidado que hoy era su cumpleaños.

En ese momento, Jorge entra al salón con Amina. Los dos **están agarrados de la mano**[24].

—Jorge, es verdad. Estás con Amina —le dice Adán.

—Sí, ¡Amina es mi novia! Fiona me ayudó con Amina ¡Tú novia es la mejor novia del mundo!

—¡Feliz cumpleaños! —le dice Fiona al abrazar a Adán.

La profesora de Inglés habla con Adán.

---

[24] están agarrados de la mano: holding hands.

—Tu novia y tu amigo Jorge planearon una fiesta excelente. Tienes unos amigos muy especiales.

—Gracias —dice Adán sorprendido.

—Miren, ¡Adán me ha dado una carta! —dice Fiona a sus amigas.

Ella mira a Adán.

—¿Ahora puedo leer la carta?

—No…, no es buena idea leer la carta ahora —le dice Adán y le agarra la carta.

Ellos comen pastel y escuchan la música.

—¿Qué dice la carta? —pregunta Fiona.

—La carta dice «Te quiero, mi princesa».

—Gracias, eres un novio muy romántico.

Ella le da un beso. Adán la mira y le confiesa algo.

—Fiona, por un momento, pensé que había algo entre Jorge y tú.

—¿Entre Jorge y yo? ¿Por qué? Él es mi tutor de ciencias.

—Sí, lo sé, pero él tiene reputación de robarle las novias a los chicos.

—Ay, sí. Amina, ¿verdad?

—Exactamente —le dice Adán.

—Pues no tienes que preocuparte. Te voy a tener aquí todos los días —dice Fiona.

Los dos se abrazan. En ese momento la madre de Adán entra al salón.

—¡Feliz cumpleaños, hijo!

—Mamá, ¿cómo sabías que iba a haber una fiesta para mí hoy? —le pregunta Adán.

—No sabía nada de la fiesta. Estoy aquí porque quieres ir a otro colegio. Y tengo buenas noticias; hijo, ¡todo está terminado!

—¿Qué está terminado? —le pregunta Adán confundido.

—¡Mañana vas a otro colegio! Es un colegio más económico. Claro, está al otro lado de la ciudad, pero está bien. Vas a ir al colegio con tu primo José.

—¿Qué?

En ese momento, Jorge se acerca a ellos.

—¿Vas a otro colegio? No pasa nada, estaré aquí cuidando de tu novia —le dice Jorge a Adán **guiñándole el ojo**[25].

—¡Ay, no! —dice Adán furioso.

Fin

---

[25] guiñándole el ojo: winking his eye at him.

Glosario

Glosario

Abiertos - opened
Abrazar - to hug
Abrazan - they hug
Abrazo - a hug
Acabo - I just finished
Acaba - s/he just finished
Acabas - you've just finished
Acerca - s/he moves closer
Además - also
Ahora - now
Al cabo de - after
Algo - something
Amigo - friend
Años - years
Ansiedad - anxiety
Aprendiendo - learning
Aquí - here
Asiento - seat
Asiste - s/he attends
Ausencia - absence
Ausentes - absent
Ayuda - s/helps
Ayudar - to help

Baño - bathroom
Beso - kiss
Biblioteca - library
Buen - good
Buena - good
Busca - s/he looks
Buscar - to look for
Cambiando - changing
Cambio - change
Camina - s/he walks
Caminan - they walk
Caminar - to walk
Cansado/a - tired
Carta - letter
Casa - house
Cerca - near
Chico - boy
Chica - girl
Ciencias - science
Cinco - five
Colegio - school
Come - s/he eats
Comida - food
Como - as
Confundido - confused
Conmigo - with me

Consejero - counselor
Corazón - heart
Cosa(s) - thing(s)
Creer - to believe
Creo - I believe
Crees - (do) you believe
Cualquier - anything
Cuando - when
Cuidando - taking care of
Dar - to give
Decía - s/he/it was saying
Decir - to say
Dejando - leaving
Dejaste - you left
De repente - suddenly
Descubrir - to discover
Después - after
Detrás - behind
Dice - s/he says
Digan - they say
Digo - I say
Donde - where
Dormitorio - room
Duele - it hurts
Ellos - they
Empezar - to start
Empezó - s/he started

Enemigo - enemy
Enfermo/a - sick
Enseñando - teaching
Entonces - then
Envió - s/he sent
Era - was
Eres - you are
Esconde - s/he hides
Escriban - write (pl.)
Escuchar - to listen
Escuché - I listened
Espalda - back (body)
Esperando - waiting
Espiar - to spy
Está - s/he is
Estamos - we are
Estoy - I am
Estudiaste - you studied
Estudié - I studied
Estudio - I study
Estuvo - s/he was
Fin - end
Fue - s/he went
Grita - s/he yells
Guácala - Yuck!
Gusta - likes
Hablamos - we speak
Hablar - to speak
Hablé - I spoke

Hace - s/he does
Hace unos días - a days ago
Hace quince minutos - a few minutes ago
Hacer - to do
Ha dormido - s/he has slept
Hambre - hunger
Hasta - until
Hay - there is/there are
Hola - hello
Hombre - man
Inglés - English
Joven - young person
Juntos - together
Lado - side
Lávate - wash hands
Leas - you read
Lee - s/he reads
Leen - they read
Lengua - language
Levantan - they raise (their hands)
Listo - smart; witty
Llega - s/he arrives
Llegan - they arrive
Llegar - to arrive
Llegas - you arrive
Llevan dos años - they've been together for (time expression)
Llevar - to carry
Llora - s/he cries
Lo siento - I'm sorry
Lugar - place
Madre - mother
Mañana - tomorrow
Manera - way
Manos - hands
Mejor - better
Meses - months
Mientras - while
Miércoles - Wednesday
Mira - s/he looks at
Misma - same
Móvil - cellphone
Mujer - woman
Mundo - world
Muy - very
Nada- nothing
Novios- couple
Nunca- never
Obtener - to obtain
Ojos - eyes
Otro/a - other
Palabras - words
Panadería - bakery

Parece - it seems
Pasó - happened
Pensar - to think
Peor - worst
Pequeño/a - small
Pesimista - pessimist; negative outlook
Piensa - s/he thinks
Poco - little
Podemos - we can
Poner - to put
Porque - because
Por qué - why
Pregunta - s/he asks; a question
Preocupado/a - worried
Puede - s/he can
Puerta - door
Pupitre - student desk
Queriendo - wanting
Quieres - you want
Quiero - I want
Razón - reason
Recuerda- s/he remembers
Regresar - to return
Reloj - clock; watch
Respuestas - answers
Ríe - s/he laughs
Ríen - they laugh
Robar - to steal
Rompiste - you broke
Sabe - s/he knows
Saber - to know
Saca - s/he takes out
Salón -classroom
Se acerca- s/he moves closer
Sé - I know
Segundos - seconds
(**nos**) **Sentábamos** - we sat down
Ser - to be
Serpiente - serpent
Se sienta - s/he sits
Se va - s/he goes
Siente - s/he feels
Sobre - about
Solamente - only
Somos - we are
Sonríe - s/he smiles
Sonrisa - a smile
Sorprendente - surprising
Sorprendido/a - surprised
Sorpresa - a surprise
También - also

Tarde - late
Tema - theme
Tenemos - we have
Tener - to have
Tengo - I have
Tiempo - time
Tiene - s/he has
Todo - all
Toman - they take
Tomar - to take
Trabajando - working
Triste - sad
Últimos (as) - last
Ustedes - you all
Va - s/he goes
Vamos - we go
Van - they go
Vas - you go
Ve - s/he sees
Vemos - we see
Ver - to see
Vez - time (una vez: one time)
Vi - I saw
Voy - I'm going
Voz - voice
Vuelta atrás - turn back

Unlocking potential, one story at a time!

Resource Catalog
www.acquinterobooks.com

More Novels from A.C. Quintero

Level 1+ Collection

More Novels from A.C. Quintero

Level 2+ Collection

More Novels from A.C. Quintero
Level 3+ Trilogy

CI Meet Sci-fi

More Novels from A.C. Quintero

Level 3+ Collection

Made in the USA
Coppell, TX
25 June 2020

29376688R00046